Franz Wegener

Buchkritik zu Daniel Goleman: Emotionale Intelligenz

GRIN Verlag

Bibliografische Information der Deutschen Nationalbibliothek:

Die Deutsche Bibliothek verzeichnet diese Publikation in der Deutschen National-
bibliografie; detaillierte bibliografische Daten sind im Internet über http://dnb.d-
nb.de/ abrufbar.

Dieses Werk sowie alle darin enthaltenen einzelnen Beiträge und Abbildungen
sind urheberrechtlich geschützt. Jede Verwertung, die nicht ausdrücklich vom
Urheberrechtsschutz zugelassen ist, bedarf der vorherigen Zustimmung des Verla-
ges. Das gilt insbesondere für Vervielfältigungen, Bearbeitungen, Übersetzungen,
Mikroverfilmungen, Auswertungen durch Datenbanken und für die Einspeicherung
und Verarbeitung in elektronische Systeme. Alle Rechte, auch die des auszugsweisen
Nachdrucks, der fotomechanischen Wiedergabe (einschließlich Mikrokopie) sowie
der Auswertung durch Datenbanken oder ähnliche Einrichtungen, vorbehalten.

Impressum:

Copyright © 2001 GRIN Verlag GmbH
Druck und Bindung: Books on Demand GmbH, Norderstedt Germany
ISBN: 978-3-640-30092-1

Dieses Buch bei GRIN:

http://www.grin.com/de/e-book/35222/buchkritik-zu-daniel-goleman-emotionale-
intelligenz

GRIN - Your knowledge has value

Der GRIN Verlag publiziert seit 1998 wissenschaftliche Arbeiten von Studenten, Hochschullehrern und anderen Akademikern als eBook und gedrucktes Buch. Die Verlagswebsite www.grin.com ist die ideale Plattform zur Veröffentlichung von Hausarbeiten, Abschlussarbeiten, wissenschaftlichen Aufsätzen, Dissertationen und Fachbüchern.

Besuchen Sie uns im Internet:

http://www.grin.com/

http://www.facebook.com/grincom

http://www.twitter.com/grin_com

Franz Wegener  Magdeburg, 6.11.2001

Hausarbeit zum Seminar: Allgemeine Grundlagen der Psychologie

Thema:

Buchkritik zu Daniel Goleman: Emotionale Intelligenz

Inhalt

1 Einleitung

Am 11.9.2001 rasten zwei entführte Flugzeuge in das World-Trade-Center in New York. Unzählige Menschen wurden in den Tod gerissen. Eine Welle von Trauer und Wut machte sich breit. Innerhalb weniger Stunden wurden Menschen gefunden, die für diesen Vorfall verantwortlich gemacht wurden. Nur wenige Tage dauerte es, bis ein Krieg gegen diese vermeintlichen Verantwortlichen angezettelt wurde, der wahrscheinlich jetzt schon viel mehr Tote gebracht hat als das Attentat selbst. Die Reaktionen waren in der ersten Zeit sehr stark. Fernsehreporter durften ihre Meinung nicht äußern, wenn sie nur ein wenig anders war, als ein Ausdruck grenzenloser Trauer.

Dies ist nur ein Einzelfall, wenn auch ein sehr verheerender, in dem Menschen die Kontrolle über ihre Emotionen verloren haben, und deshalb nicht unbedingt die humanste Lösungsstrategie für ihre Konflikte gewählt haben. Daniel Goleman beschreibt in seinem Buch „Emotionale Intelligenz" unsere Abhängigkeit von Emotionen, aber auch die Möglichkeit, mit Emotionen vernünftig umzugehen und ihr Potential für sich in sinnvoller Weise zu nutzen. Diese Fähigkeiten, eigene und fremde Emotionen zu erkennen, zu verändern und zu nutzen, fasst Goleman unter dem Sammelbegriff „Emotionale Intelligenz" zusammen. Die folgenden Seiten sollen nun eine Beurteilung des gleichnamigen Buches darstellen.

2 Grobe Übersicht zum Thema und zum Aufbau des Buches

Zur Sicherung eines allgemein einheitlichen Verständnisses der Gesprächsgrundlage,erklärt Goleman anhand vieler Beispiele als allererstes, was Emotion nach seinem Verständnis bedeutet, und wo Emotionen herkommen. Seine Ausführungen über den Begriff der Emotion machen nicht bei bloßen Bezeichnungen von Gefühlszuständen halt.

Wir werden außerdem über die aktuellen wissenschaftlichen Auffassungen über den genauen Sitz der Emotionen im Gehirn informiert. Diese Annahmen, wo Gefühle im Gehirn lokalisiert sind, und wie diese Orte mit anderen Denkzentralen zusammenhängen, untermauert er durch die Beschreibung der Änderung der Verhaltensmuster von Personen, denen bestimmte Teile des Gehirns entfernt wurden.[1] Hier wird auch erklärt, daß Kognition allein, also stumpfe Rechnerei, für den praktischen Umgang mit der Umgebung nicht ausreicht. Zur Abwägung der vielen Möglichkeiten ist Emotion nötig, um wichtige von unwichtigen Faktoren zu trennen.[2]

Im Anschluß an diese Darstellung folgt eine historische Betrachtung verschiedener Auffassungen der Beurteilung geistiger Dispositionen. Diese Beurteilung wurde zu allen Zeiten mit dem Erfolg im beruflichen und im privaten Leben in Verbindung gebracht. Goleman untersucht ganz speziell die Auffassung, ein hoher IQ würde zu einem erfüllten Leben führen und sowohl beruflichen als auch privaten Erfolg garantieren. Da der IQ angeblich eine ererbte Größe sein soll, ist eine alleinige Abhängigkeit der Lebensumstände von ihm eine sehr demotivierende, aber auch eingeengte Vorstellung. Aus diesem Grunde wurde das IQ-Konzept, so Goleman, schrittweise ausgebaut. An die Stelle der ursprünglichen eindimensionalen Betrachtungsweise tritt eine vielgestaltige Intelligenz bestehend aus Fähigkeiten wie

1. das Kennen und Erkennen der eigenen Emotionen

Erst das Kennen der eigenen Gefühle ermöglicht einen Umgang mit ihnen. Der Unterschied zwischen dem bloßen Erleben und dem Erkennen eines erlebten Gefühls wird deutlich, wenn man im Stress steht und wegen einer Kleinigkeit überreagiert. Golemans Ausführungen zufolge erkennt man in diesem Moment seinen Gefühlszustand nicht, sondern erst, wenn einem hinterher klar wird, daß man überreagiert hat.[3]

2. mit eigenen Emotionen umgehen

Dies meint die erfolgreiche Bekämpfung unerwünschter Emotionen, sowie das Erzeugen erwünschter Emotionen. Hierzu zählt unter anderem die Selbstmotivation.

---

[1] Goleman, 1997, S.19-49
[2] Goleman, 1997, S.74-75
[3] anderes Beispiel, siehe Goleman, 1997, S.67

3. eigene Emotionen in die Tat umsetzen. Das bedeutet die erzeugten Emotionen zur Verwirklichung seiner Pläne zu nutzen.

4. Empathie oder auch Einfühlungsvermögen ist die Fähigkeit die Gefühle anderer zu erkennen.

5. Umgang mit Beziehungen: Diese Fähigkeit ist die Kunst die Gefühle des anderen zu erkennen und mit ihnen in sinnvoller Weise umzugehen[4]

Diese vielen Fähigkeiten (und die klassische Intelligenz) sind es, die den beruflichen und den persönlichen Erfolg wahrscheinlich machen. Dieses Konzept macht er dadurch attraktiv, daß es über- oder unterdurchschnittlicher Begabung auf dem Gebiet der Mathematik - die ja durch diverse Intelligenztests bloßgelegt werden - nicht so einen hohen Stellenwert beimisst und Ausgleichsmöglichkeiten schafft. Aber auch Menschen, die weder über einen hohen IQ noch über die genannten sozialen Kompetenzen verfügen, verspricht er Hoffnung. Soziale Kompetenzen oder emotionale Intelligenz hält er nämlich für trainierbar.[5]

Einige Beispiele für Erfolge eines solchen Trainings liefert er dann im fünften Teil des Buches. Beispiele für *fehlendes* emotionales Training begleiten den Argumentationsgang von der ersten bis zur vorletzten Seite. Dies gibt ihm die Grundlage emotionales Training in der Schule vorzuschlagen. Mit diesem Gedanken und einigen Beispielen zur erfolgreichen Einsetzung des emotionalen Trainings schließt das Buch.

3 Zur Argumentationsstruktur

Daniel Goleman schreibt sehr anschaulich und belegt seine Thesen mit vielen gut vorstellbaren Fallbeispielen. Die Argumentation ist leicht zu verfolgen und erscheint ziemlich sachlich. Leider fällt es mir schwer ein Gesamtziel des Buches ausfindig zu machen. Goleman stellt seine Hauptthese, daß der soziale Umgang der Menschen untereinander immer schlechter wird, an den Anfang des Buches und findet dann immer neue Einzelfälle, die dies belegen sollen.[6] Zwischendurch nennt er diverse „Von-Bis-Zahlen", die dem ganzen einen Anstrich von einem statistischem Nachweis geben sollen. Beispiele hierfür sind: „Eine Studie an 1300 Verwandten von Alkoholikern ergab, daß unter Kindern von Alkoholikern die Gefahr, selbst zu Alkoholikern zu werden, bei denen am größten war, die

---

[4] Goleman, 1997, S.65
[5] Goleman, 1997, S.53-61
[6] siehe zum Beispiel Goleman, 1997, S.53

4

angaben ständig hochgradige Angst zu haben."[7] Es wird hier nur eindeutig gesagt, wieviele Menschen an einem Test *teilgenommen* haben. Darüber hinaus erfahren wir gar nichts über diesen Test. So können wir als Leser uns weder ein Bild über die Zuverlässigkeit des Tests machen, noch erhalten wir überhaupt eine greifbare Information zu seinem Ergebnis. Wir wissen nicht, was Goleman mit „die Gefahr [...] war am größten" meint. Meint er etwa, bei Menschen mit hochgradiger Angst war der Anteil derer, die Alkoholiker wurden, um sagen wir 1% höher, als bei anderen? Dies würde eine Deutung des Alkoholkonsums als Angstreaktion nicht besonders nahe legen. Ebenso können wir nur raten, was Goleman mit „hochgradiger Angst" gemeint hat, als er dieses Buch schrieb. Gab es eine Liste mit mehreren Abstufungen von leichter zu starker Angst? Es geht anscheinend auch gar nicht um Leute, die wirklich Angst hatten. Er schreibt nur, es handele sich um Menschen „die *angaben*, ständig hochgradige Angst zu haben." Nach seiner Beschreibung stelle ich mir den Test so vor: 1300 Personen bekommen einen Zettel in die Hand, auf dem sie ankreuzen dürfen:

Haben Sie ständig hochgradige Angst? (Ja/Nein)
Wie hoch schätzen sie die Gefahr ein, daß sie Alkoholiker werden? (Angabe in %)

Alles in allem kann ich solchen Scheinstatistiken keine Beachtung schenken. Sie werfen nur ein schlechtes Bild auf den Text, und verschlechtern meine *Bewertung*. Leider ist das Buch gespickt mit solchen Statistiken, so dass ich in der Kürze der Seiten nicht auf alle eingehen kann. Aber nicht nur die Statistiken als solches erscheinen fragwürdig. An manchen Stellen gibt auch der Argumentationsgang logische Rätsel auf. So finden wir beispielsweise folgendes Argument:

„Eine Analyse der Ergebnisse von 101 Untersuchungen, die insgesamt mehrere
tausend Männer und Frauen erfaßten[...] bestätigt, daß beunruhigende Emotionen
schlecht für die Gesundheit sind. Wer unter chronischer Angst, langanhaltender
Melancholie [...] leidet, trägt ein *doppelt* so großes Risiko der Erkrankung.[...]
Angesichts dieser Größenordnung sind bedrückende Emotionen ein [...] schädlicher
Risikofaktor".[8]

---

[7] Goleman, 1997, S.320
[8] Goleman, 1997, S.215-216

Wieder erhalten wir nur Zahlen über das Ausmaß der Untersuchung und nicht über das Ergebnis. Die Zahlen legen nur eine scheinbare Genauigkeit der Untersuchung nahe, haben jedoch keinen sachlichen Wert, da die Untersuchung selber fehlt. Aber dieses Manko habe ich schon am letzten Beispiel deutlich gemacht. Das gegebene Argument krankt an noch anderen Stellen. Goleman stellt eine Studie vor, die, wenn wir ihr Glauben schenken, eine *Korrellation* zwischen zwei Eigenschaften feststellt. Nämlich: Menschen mit negativen Emotionen erkranken doppelt so häufig. Goleman geht aber weiter. Er unterstellt, daß die Gefühle tatsächlich die *Ursache* für die Krankheiten sind. Er schreibt, „daß beunruhigende Emotionen schlecht für die Gesundheit sind." und später fügt er hinzu, bedrückende Emotionen seien „ein schädlicher Risikofaktor". Dies ist keineswegs so einleuchtend, wie er uns Glauben machen will. Fern ab von bahnbrechenden Neuigkeiten und fast schon trivial klingt das Ergebnis der Studie, wenn wir einfach annehmen, daß die *Krankheiten* die Ursache für die negativen Emotionen sind. Kein Mensch freut sich krank zu sein. Also ist es einleuchtend, daß die Krankheit die Stimmung drückt und nicht umgekehrt. Als wissenschaftlich einwandfrei hätte ich es empfunden, wenn Goleman einfach bei der Korrellation geblieben wäre oder wenigstens darauf aufmerksam gemacht hätte, daß mehrere Interpretationen möglich sind [9]. Leider kann ich auch hier wieder nur ein Beispiel vollständig erläutern, da ich noch andere Mängel der Argumentation benennen möchte. Der aufmerksame Leser wird jedoch ohne Mühe weitere Beispiele finden.

Der mit Abstand am häufigsten auftretende Grund zur Kritik an dem Buch ist, daß, meines Erachtens, oft Argumente einfach durch Einzelbeispiele ersetzt wurden. Es wurden keine Statistiken gebracht, die mir hätten sagen können: dies ist also ein schönes anschauliches Beispiel *für ein generelles Problem*. Anstatt mir Auskunft über das Thema emotionale Intelligenz zu geben, belastet mich der Autor mit Problemen von irgendwelchen Personen, die mich nichts angehen, weil sie nichts darüber aussagen, ob es sich tatsächlich um generelle Probleme handelt. Ich sehe keinen Grund emotionales Training für jedermann zu fordern[10], nur weil es einige Einzelfälle gibt, bei denen ein solches Training <u>angeblich</u> helfen würde. Genauso wenig würde ich Handschellen für jedermann fordern, nur weil es Menschen gibt, die ohne sie gefährlich sind. Problematisch an diesen Fallbeispielen ist außerdem, daß es unmöglich ist in ein paar Sätzen ein vollständiges

---

[9] Denkbar wäre außerdem noch, daß z.B. weder die Krankheit die Emotionen verursacht, noch die Emotionen die Krankheit verursachen, sondern beide auf dieselbe andere Ursache zurückgehen.

[10] Dies schlägt Goleman mehrfach im Teil 5 seines Buches vor, indem er emotionale Bildung als Schulfach fordert.

Bild zu liefern. So kann der Leser nur vermuten, daß tatsächlich die unterstellten Gründe zum Fehlverhalten führten.

So verkommt dieses Buch zu einem Sammelsurium von Einzelbeispielen deren Beweiskraft fragwürdig bleibt. Um meiner Kritik Substanz zu verleihen, werde ich stellvertretend einige Stellen aus dem Text heranziehen. Leider sucht man oft über mehrere Seiten vergebens, ob sich nicht vielleicht doch noch irgendein Argument einschleichen könnte. Deshalb kann ich die Textstellen nicht vollständig zitieren und werde sie zur eigenen Lektüre hier angeben und ihren Inhalt nur umreißen.

Als erstes möchte ich einen Abschnitt[11] beschreiben, der die Frage behandelt, ob „Gefühl im Denken eine wesentliche Rolle spielt"[12]. Die Antwort, die uns angeboten wird ist eindeutig ja. „Ein Modell des Geistes, daß sie [Emotionen] nicht berücksichtigt, ist armselig."[13] Anstelle einer Begründung finden wir eine anrührende Geschichte über Lt.Commander Data aus der Fernsehserie „Raumschiff Enterprise: Das nächste Jahrhundert". Er *trauert*, weil er keine Gefühle empfindet (!!!). „Wie Data [...] einsieht, vermag seine kalte Logik nicht die richtige *menschliche* Lösung zu bringen. [...] Data wünscht sich Gefühle, weil er weiß, daß ihm etwas Wesentliches abgeht." [14] Ein sehr schönes Beispiel, aber ich sehe nicht, warum ich nun von emotionalen Problemen mit erfundenen *Nicht-Gefühlen* eines Protagonisten einer Fersehserie darauf schließen soll, daß Gefühl für das Denken wesenlich ist. Derartige Beispiele begleiten uns durch das ganze Buch. Es fängt an auf der ersten Seite der Originalversion, wo ein Elternpaar ihre behinderte elfjährige Tochter unter Opfer des eigenen Lebens rettet[15], und setzt sich etwa alle ein bis fünf Seiten so fort, bis wir schließlich auf der fünftletzten Seite vor dem Anhang das letzte Einzelfallbeispiel finden, welches von einer Sechstklässlerin erzählt, deren beste Freundin schwanger ist und sich umbringen möchte. Ich möchte klarstellen, dass ich nichts gegen Beispiele habe. Im Gegenteil, wenn sie die Beweisführung anschaulich machen, bin ich sogar sehr dafür. Aber Herr Goleman vergißt über die Anschaulichkeit anscheinend oft den Gedanken, den er zu illustrieren sucht. So begegnen uns im Laufe des Buches eine Sechsjährige, die sich aus Angst kurz im Ton vergreift und beweisen soll, daß Emotionen grundsätzlich schneller sind als Kognitionen und daß der emotionsverar-

[11] Goleman, 1997, S.61-63
[12] Goleman, 1997, S.62
[13] Goleman, 1997, S.63
[14] Goleman, 1997, S. 63
[15] Goleman, 1997, S.19

beitende Mandelkern im Gehirn die Informationen als erster bekommt.[16] Ferner begegnet uns ein Physikgenie, das seinen Lehrer ersticht und von dem ich nicht weiß, was es mir nahe bringen soll[17], und eine Schießerei in der Schule, die mir die Notwendigkeit eines Unterrichtsfaches zur emotionalen Bildung plausibel machen möchte. Solche Beispiele gibt es duzende zwischen den Deckeln dieses Buches. Die meisten haben gemeinsam, daß sie ein wirkliches Argument ersetzen und uns stattdessen beim schnellen lesen emotional so beeinflussen, dass wir hinterher tatsächlich glauben, es wären stichhaltige Nachweise für diese oder jene These geliefert worden.

4 Zusammenfassung und Urteil

Dem, der effektives Schreiben bevorzugt, und durch sachliche, objektive und logisch einwandfreie Argumentation schnell in dies Thema eingeführt werden will, kann ich von diesem Buch nur abraten. Durch die zu vielen Einzelbeispiele, den lückenhaften Argumentationsgang und den für die Länge spärlichen Inhalt wirkt das Buch langatmig. Der oberflächlich überzeugende Charakter entsteht nur, weil der Leser glauben *will*, was Goleman schreibt. Die vertretene Ansicht ist so, daß sie sich stark mit unserer Alltagserfahrung deckt, und mit dem, was man nach dem „common sense" erwarten würde. So fällt es leicht, den Leser für sich zu gewinnen.

Eine weitere unbeantwortete Frage, die mir dieses Buch stellte, war - wie oben kurz erwähnt - die nach dem Ziel des Buches. Nach dem Lesen erschien es mir wie ein viel zu langes Werbeprospekt. Es enthält viele Beispiele, in welchen Situationen beschrieben werden, in denen emotionales Training gefehlt hat. Leider wird zu keiner der Situationen gesagt, wie besser gehandelt hätte werden können. Goleman schreibt höchstens abstrakt, die Menschen wären in dieser oder jener emotionalen Eigenschaft nicht kompetent gewesen.[18] Er gibt auch Beispiele, wo emotionales Training (angeblich) geholfen hat [19], schreibt aber nicht, *wie* geholfen wurde oder wie man sich selbst helfen kann. So wird der Leser mit seinen emotionalen Problemen, wegen derer er das Buch gekauft hat oder die er erst beim Lesen dieses Buches entdeckt hat, völlig allein gelassen. Er weiß jetzt, es gibt eine Lösung, nur nicht, wo er sie suchen soll. Es bleibt zu hoffen, daß er nicht bei ei-

---

[16] Goleman, 1997, S.44
[17] Goleman, 1997, S.53
[18] z.B. Goleman, 1997, S.239-241
[19] z.B. Goleman, 1997, S.354

ner der vielen Organisationen, die mit Scheinlösungen für derartige Probleme handeln, seine Suche beginnt.

Literaturverzeichnis

1. Goleman, Daniel: Emotionale Intelligenz, 3. Auflage, 1997, dtv München